RÉPONSE

D'UN

PATRIOTE FRANÇAIS

AUX DÉFIS CONTINUELS

DE

M. DE BISMARCK

PAR

C.-H. B.

Que peut l'Allemagne militaire ? — Rien !

Pourquoi ? — Parce que la France lui oppose la force et le droit.

La Revanche est-elle légitime ? — La guerre seule peut éviter à l'Europe l'affreuse banqueroute dont elle est menacée en raison des sacrifices qu'elle est obligée de faire pour ses armées.

Qui l'oblige à faire ces sacrifices ? — L'ennemi mortel de la France.

Que peut et que doit faire la France pour l'Alsace-Lorraine et pour l'Europe, si M. de Bismarck l'y oblige ?

LISEZ CETTE BROCHURE

EN VENTE CHEZ **C.-H. B.**, 31, RUE BRÉZIN, PARIS

1887

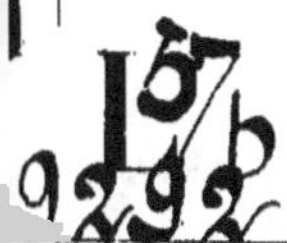

RÉPONSE

D'UN

PATRIOTE FRANÇAIS

AUX DÉFIS CONTINUELS

DE

M. DE BISMARCK

PAR

C.-H. B.

Que peut l'Allemagne militaire ? — Rien !

Pourquoi ? — Parce que la France lui oppose la force et le droit.

La Revanche est-elle légitime ? — La guerre seule peut éviter à l'Europe l'affreuse banqueroute dont elle est menacée en raison des sacrifices qu'elle est obligée de faire pour ses armées.

Qui l'oblige à faire ces sacrifices ? — L'ennemi mortel de la France.

Que peut et que doit faire la France pour l'Alsace-Lorraine et pour l'Europe, si M. de Bismarck l'y oblige ?

LISEZ CETTE BROCHURE

EN VENTE CHEZ **C.-H. B.**, 31, RUE BRÉZIN, PARIS

1887

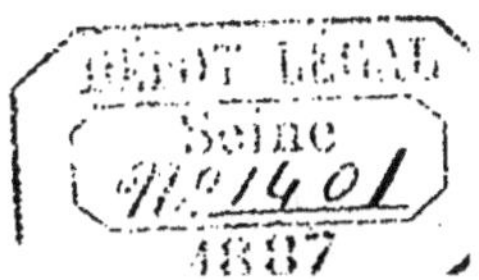

Paris, février 1887.

Je ne me dissimule point que cette modeste brochure sera appréciée de bien des façons : nous vivons dans un temps où les meilleures intentions sont souvent critiquées avec autant de violence que d'injustice.

Je serai peut-être accablé d'outrage par ceux qui rêvent la paix universelle : j'aime assez la France pour souffrir pour elle sans me plaindre, pourvu que je puisse lui être utile !

La paix universelle a le tort, selon moi, de n'être qu'une sublime utopie confondue par l'histoire de tous les temps.

La guerre est un fléau qu'il faut toujours éviter tant que les événements n'en font point une nécessité.

Qu'on me dise donc par quel autre moyen nous pourrions faire valoir nos légitimes revendications.

Il n'est au pouvoir de personne d'empêcher le choc terrible qui doit se produire malgré nous entre la France et l'Allemagne : ce jour-là les anarchistes ou les cosmopolites français se rappelleront quand même qu'ils ont une Patrie préférée, et je suis convaincu qu'ils sauront la défendre comme en 1870-71.

Les peuples se feront toujours la guerre.

M. de Bismarck nous provoque.

Il faut, quand il nous y obligera, lui prouver que, si la paix nous est chère, nous ne voudrions pas en jouir au prix de l'humiliation et de la ruine de la France !

C.-H. B.

A la France !

Quand ta voix puissante nous adressera cet appel suprême : *Aux armes!* ce jour-là tous tes enfants, unis par la haine de tes ennemis, sauront défendre ton honneur et reconquérir nos provinces annexées par la force et par la violence.

Je veux avec plus de bon sens que d'esprit démontrer à tous les Français que la guerre, que je maudis, est parfois une nécessité ; car la paix qui ruine et déshonore un peuple est pour lui plus funeste qu'une bataille.

Quand la guerre s'impose comme un suprême espoir, il faut que la confiance augmente la force. Pour vaincre, il suffit de savoir qu'on en est capable.

La paix nécessaire à ton relèvement, ô France! t'a coûté plus d'or, de larmes et de sang que nos désastres!

Mon profond amour me fait accepter pour quelque temps encore la paix qu'exige la transformation complète de nos armes; nous sommes assez forts pour l'effectuer en toute sécurité, malgré les menaces de l'Allemagne épouvantée.

N'oublions pas que la lutte sera terrible entre les deux adversaires dont l'un est condamné fatalement à disparaître.

Il faut que la défaite soit éclatante pour épargner à l'Europe sous les armes les immenses sacrifices que lui impose M. de Bismarck qui, pour le malheur de son pays et pour la ruine des autres, a réalisé ce rêve affreux de faire de l'Allemagne entière un vaste camp retranché prêt à tout envahir.

L'Europe épuisée attend un rédempteur.

L'Alsace et la Lorraine attendent la délivrance.

A bas l'Allemagne militaire!

RÉPONSE

D'UN PATRIOTE FRANÇAIS

AUX DÉFIS CONTINUELS DE M. DE BISMARCK

I

L'empire a commis un crime, celui d'avoir déclaré la guerre malgré les concessions faites par la Prusse : voilà pourquoi l'empire est responsable de nos désastres de 1870-71.

Pourquoi a-t-il déclaré la guerre?

Napoléon III avait perdu son influence sur les grandes villes; sa popularité était tout à fait ébranlée, malgré le résultat du plébiscite, malgré le régime libéral et constitutionnel substitué au régime autoritaire en vue d'être agréable aux membres de l'opposition composée d'hommes influents, pouvant presque disposer des destinées de l'empire.

Comment consolider le trône chancelant?

Parvenu au sommet par un coup d'Etat, Napoléon, pour s'y maintenir longtemps encore et en assurer l'accès au prince impérial, résolut de lancer la France dans la plus folle des aventures : il n'hésita point à le faire dans l'espoir d'opposer bientôt *aux ennemis de l'empire le prestige et la force que la victoire assure chez nous aux conquérants* : il déclara donc la guerre : et, soudain, la France fut envahie par un million d'Allemands.

La défaite renversa l'empire et faillit noyer la France dans un fleuve de larmes et de sang.

Je n'accuse pas de trahison celui qui avait le plus grand intérêt à vaincre; je ne l'accuse même pas de lâcheté pour s'être laissé acculer et bloquer à Sedan : je dis seulement que Napoléon a fait un acte de folie en déclarant la guerre ; j'ajoute qu'il n'est pas seul responsable de nos calamités ; car si je rappelle ses défaillances, je dois rappeler aussi l'opposition systématique toujours portée alors à combattre tous projets de réorganisation militaire.

Sadowa avait été pour nous un avertissement. Seul, le maréchal Niel s'en était ému ; et, pour nous éviter un plus grand cataclysme, il voulait augmenter nos forces avec d'autant plus de persévérance que le Corps législatif voulait les amoindrir...

Il semble que le patriotisme était alors disparu : sans doute parce qu'il n'y avait plus de patrie, par le fait que la France était à cette époque moins que l'empereur.

Respect à toutes les opinions sincères et désintéressées ! Mais que celles qui sont indifférentes à l'amour de la patrie soient maudites !

Tous les régimes passent ! La France reste toujours à aimer et à servir ! Tout peuple est condamné à périr quand ses passions politiques lui font oublier les devoirs sacrés du patriotisme avec lequel il ne faut jamais compter quand l'honneur et les droits sont en jeu.

C'est une grande consolation de pouvoir constater qu'il existe chez nous autant de patriotes que de Français, y compris nos enfants, impatients de devenir bientôt, comme nous, des citoyens et des soldats !

Honneur à notre vaillante armée !

Honneur aussi à nos bataillons scolaires qu'on ne peut voir défiler sans verser des larmes d'admiration et d'espoir !

Je le répète : Napoléon a commis un crime en déclarant la guerre. Lui seul devait expier ce crime : mais c'est à la France que la Prusse a fait supporter tous les excès de sa haine et de ses fureurs, sans épargner même les vieillards, les femmes et les enfants et malgré la proclamation solennelle du roi de Prusse adressée, après Sedan, à la nation française et dans laquelle celui-ci s'engageait à nous traiter avec la plus grande modération en affirmant qu'il ne combattait que l'empire.

Malgré ces déclarations rassurantes, les Allemands ont abusé de la victoire : de là leur surprise de nous voir survivre à nos maux ; de voir la France se relever alors qu'ils la croyaient agonisante ! C'est pourquoi nous voulons la revanche, c'est-à-dire le châtiment.....

Jeu d'enfants que la guerre de 1870-71 par rapport à la guerre prochaine, qui réserve aux vaincus l'impuissance, la misère et l'esclavage pour plus d'un siècle !

Les courages les plus éprouvés n'en peuvent envisager l'éventualité sans frémir ; et pourtant il faut bien parler de guerre, puisque nous ne pouvons y renoncer sans trahir nos frères d'Alsace-Lorraine, sans consentir à supporter longtemps encore les humiliations que M. de Bismarck renouvelle et augmente sans cesse depuis bientôt seize ans, sans enfin sacrifier à la fois et notre dignité et nos plus grands intérêts.

Que devons-nous à la paix imposée par l'Allemagne? Une misère sans pareille, malgré la richesse du sol et malgré l'activité prodigieuse du génie national : sans doute, les autres nations sont aussi cruellement éprouvées; mais il n'y a qu'un pays où, avant 1870, personne n'est mort de faim : c'est la France, qui ne peut plus aujourd'hui donner du pain à tous ses enfants!

Pourquoi?

Parce que l'Allemagne victorieuse, parce que l'Allemagne prépondérante, parce que l'Allemagne redoutée jusqu'à ce jour par les puissances nous a quasi fermé tous les marchés de l'Europe. Les nations qui étaient autrefois et sont encore amies de la France, n'osent plus nous exprimer ouvertement leurs sympathies dans la crainte d'encourir la disgrâce du chancelier de fer qui, par le traité de Francfort, nous étreint dans ses serres impitoyables.

Il faut vivre ou mourir!

Nous sommes plus que le gouvernement qui ne peut et ne doit point encourager nos revendications; il faut donc que l'impulsion vienne de nous. Et le jour où il ne pourra plus résister au courant, ce jour-là il saura remplir ses devoirs avec autant d'ardeur et d'audace que les circonstances l'exigeront.

Il nous suffit de savoir que sa modération et sa réserve n'excluent point sa vigilance et que, en attendant la lutte, il prépare et organise la victoire.

Si je désire la guerre, c'est que je crois à la victoire; et j'y crois d'après certaines considérations basées sur les causes de la défaite.

J'ajoute qu'il n'est pas permis d'en douter sans faire injure à la France, capable de faire des prodiges pour imposer à ses ennemis le respect et la crainte de son nom glorieux.

J'aime assez mon pays pour ne point compromettre ses destinées par un excès de patriotisme : je me contenterais de me taire et d'espérer, si la France ne pouvait vaincre : mais c'est parce qu'elle le peut et qu'elle le doit que je l'y engage : ce sera sa tâche demain!

La mienne aujourd'hui consiste à prouver que nous sommes prêts, soit pour l'attaque, soit surtout pour la défense.

II

On peut résumer ainsi les causes de nos désastres :

1° Infériorité numérique de notre armée ;

2° Infériorité surtout du nombre de nos régiments d'artillerie, et de nos pièces de campagne ;

3° Trahison de Bazaine.

Toutes les autres causes sont d'un ordre secondaire ; je crois même qu'elles sont plus imaginaires que réelles.

La trahison d'un seul a fait croire à une multitude de trahisons ; et cependant les faits ont prouvé que tous nos officiers subalternes et supérieurs et tous nos généraux sans exception avaient rempli leurs devoirs avec un courage et un patriotisme incomparables.

L'Europe leur a rendu justice par son admiration ; et l'Allemagne, connaissant leur valeur, tremble à l'idée de les rencontrer bientôt aux frontières.

On leur a reproché leur ignorance par rapport à l'instruction des officiers allemands.

Je ne puis réfuter une à une toutes les erreurs et toutes les injustices dont ils ont été l'objet ; mais qu'il me suffise de constater qu'en Allemagne l'épaulette est réservée au favoritisme, bien que cependant on ne puisse l'obtenir sans des examens sérieux. En supposant même que les officiers subalternes allemands fussent plus instruits que les nôtres, je ne vois pas vraiment que cet avantage soit plus grand que celui d'avoir des officiers ayant conquis leurs grades sur les champs de bataille et ayant en outre plus d'expérience par leur ancienneté. C'était le cas de nos officiers en 1870.

Peut-on admettre, en conséquence, qu'ils valaient moins que tous les jeunes collégiens que j'ai vus pendant la campagne à la tête des compagnies prussiennes ?

Et nos généraux ? N'étaient-ils donc que des écoliers en comparaison des généraux allemands ?

Tous les succès de nos ennemis n'ont été obtenus qu'au prix des plus grands sacrifices et à l'aide de forces considérables : tous les écrivains militaires l'ont constaté ; les nôtres ont été assurés par la stratégie et par la vaillance.

Appelle-t-on tactique et stratégie la catastrophe de Sedan ?

Ce ne sont pas les savantes combinaisons de l'état-major allemand qui ont conduit là notre armée : *Sedan (injustement comparé à un*

*autre Sadowa) s'est trouvé sur le chemin que nous étions forcés
de suivre pour secourir Bazaine.*

Le salut de la France exigeait de nous deux devoirs que nous ne
pouvions remplir à la fois : secourir Bazaine et garder en même temps
la route de Paris en Champagne.

Le pouvait-on avec 85,000 hommes ?

La route de Paris en Champagne gardée, c'était seulement la
défense ?

Bazaine débloqué, c'était peut-être la victoire !

On prit cette dernière et suprême résolution, malgré les plus grands
dangers, *et c'est ainsi qu'on aboutit fatalement à Sedan.*

J'en reviens donc aux trois causes principales de la défaite.

D'abord, comment faut-il apprécier l'infériorité numérique de notre
armée en 1870-71 ?

Les chiffres sont plus éloquents que tout ce qu'on peut écrire.

On peut s'imaginer ce qu'a pu faire une armée de 300,000 hommes
contre un million d'Allemands soutenus par une artillerie formidable.

Et cependant nous nous sommes battus avec le courage de
l'héroïsme et du désespoir *un contre trois* sur les bords du Rhin, et
souvent ensuite un contre un plus grand nombre à Paris, dans
l'Est et dans le Nord.

Il est arrivé bien des fois que nos faibles divisions, formées de
jeunes gens enrôlés depuis quelques semaines, ont maintenu en échec
des forces beaucoup supérieures et mieux exercées ; elles ont même
remporté parfois certains succès pouvant être comparés à des vic-
toires.

Qu'on me cite un seul fait prouvant qu'à nombre égal les Prussiens
aient battu les Français !

Notre défense héroïque compte à son actif des exploits sans pareils :
la charge célèbre de nos cuirassiers contre toute l'armée allemande
dont il fallait arrêter la marche pour permettre aux débris de la nôtre
d'effectuer le mouvement de la retraite ; la bataille de Montretout, qui
a fait trembler le grand état-major prussien, au point de lui faire
prendre un instant la résolution de quitter Versailles, etc.

Honte éternelle à Bazaine !

Par lui 150,000 hommes ont été sacrifiés à Metz, et pour lui 85,000
autres l'ont été à Sedan.

Si nos armées improvisées après tous nos désastres avaient pu
compter sur ces hommes ainsi sacrifiés, qui peut croire que la France
soulevée eût été incapable de repousser, et même de poursuivre nos
envahisseurs au-delà du Rhin ?

Bazaine ! Bazaine !

Son buste, couvert d'un voile noir, devrait être placé dans toutes nos casernes et dans toutes nos écoles avec cette inscription vengeresse : *Traître à la Patrie !*

Bazaine n'a pas trahi pour relever l'empire déchu, mais bien pour imposer sa dictature, ce qui serait arrivé si la Prusse avait permis que ce misérable revînt à Paris avec son armée : maître absolu avec les forces dont il disposait, n'eût-il pas été en effet l'arbitre de nos destinées? C'était son ambition, elle aurait pu se réaliser s'il avait su comprendre autrement son rôle.

Qu'il soit maudit !...

Mais je reviens à mon sujet :

Après avoir dit que nous n'avions pu opposer que 300,000 hommes aux armées allemandes trois fois plus nombreuses ; que malgré nos défaites successives et la perte totale de plus de 200,000 hommes, à Sedan et à Metz, la France épuisée avait encore maintenu en échec un million d'envahisseurs, ce n'est pas être téméraire de conclure que la France est trois fois plus forte aujourd'hui qu'en 1870, puisqu'elle pourrait, au besoin, envoyer plus d'un million d'hommes aux frontières.

Nos effectifs sont maintenant les mêmes que ceux de l'Allemagne, et, à nombre égal, les faits attestent que pour nous l'avantage est certain.

On en pourrait douter si notre artillerie était inférieure à celle de l'Allemagne, car elle est appelée à jouer le plus grand rôle de la revanche; mais, sous le rapport du nombre et de la supériorité des pièces, la nôtre est supérieure, je l'affirme.

Qu'était-elle en 1870?

Par l'infériorité du nombre de nos régiments et de nos canons de quatre se chargeant par la bouche, nous n'avons pu résister à l'artillerie prussienne ayant à son service le double de nos régiments ainsi que le double de canons de campagne se chargeant par la culasse; et, de même que l'Allemagne pouvait répondre à un coup de fusil par quatre autres, de même aussi ses canons à tir rapide et à longue portée pouvaient, à chacun de nos obus, en opposer quatre autres.

A part quelques améliorations sans importance, l'Allemagne n'est guère plus forte qu'en 1870, tandis que la France a triplé ses forces militaires.

Etant donné que l'Allemagne, trois fois plus forte que nous, n'a pu nous vaincre qu'avec les plus grandes difficultés au bout de six mois de résistance, quel peut être et que doit être pour la France nouvelle le résultat de la Revanche?

M. de Bismarck le sait mieux que nous et personne n'a plus d'intérêt que lui à l'éviter.

III

Est-ce au point de vue seulement de nos revendications légitimes que nous devons considérer la guerre comme une nécessité?

Nous pourrions peut-être, par égard pour l'Europe, imposer à nos espérances une plus longue attente s'il fallait lui donner une preuve de notre patience et de notre générosité; mais l'Europe est menacée de ruine parce que l'Allemagne, toujours menaçante, l'oblige à rester sous les armes; l'Europe a besoin de la sécurité et de la prospérité qui permettront bientôt au Nouveau-Monde de la devancer sur le terrain commercial; l'Europe souffre et s'épuise pour les armées que M. de Bismarck l'oblige à augmenter dans des proportions supérieures à ses ressources; l'Europe attend la délivrance d'un peuple capable, dans sa colère et dans sa justice, de faire prévaloir contre la force brutale les droits de l'humanité.

Le désarmement général succédera au duel gigantesque entre la France et l'Allemagne, chacun le sait, tout le monde le répète; et ceux qui, chez nous, désirent autant que moi la guerre, n'osent en affirmer hautement la triste nécessité.

Que pouvons-nous redouter?

Je me rappelle que, dans ces derniers temps, on a beaucoup parlé de l'hostilité de l'Autriche et de l'Italie.

Quand les intérêts sont tout à fait opposés, les alliances sont impossibles.

Quelles seraient en effet pour l'Autriche les conséquences d'une nouvelle conquête au profit de l'Allemagne?

L'Autriche, c'est aussi l'Allemagne; elle ne saurait oublier que l'empereur d'Allemagne c'est le roi de Prusse et que tout élément allemand sera attiré par l'attraction de la partie la plus forte; en un mot, l'Autriche serait peu à peu absorbée par le Gargantua prussien.

L'Autriche ne commettra jamais la faute de tourner son épée contre la France, car à l'instant même ses frontières pourraient être menacées!

Et l'Italie?

Je ne suppose pas que nos frères latins seraient capables d'oublier nos sacrifices pour assurer leur unité nationale; mais s'ils l'oubliaient, non seulement ils ne seraient pas certains de nous reprendre la Savoie, mais la guerre pourrait les affaiblir au point de ne plus pouvoir sauvegarder ensuite leur indépendance menacée par l'Autriche restée neutre, c'est-à-dire forte et résolue.

Je ne parle pas de l'Angleterre : les Anglais n'agissent, ou plutôt n'approuvent et ne blâment qu'après les événements : leur politique consiste à donner raison au plus fort.

Ils ont soi-disant facilité à M. de Bismark l'annexion de nos provinces ; mais, le jour où ils perdront l'empire des Indes pour avoir dédaigné l'amitié de la France, nous nous souviendrons, comme aujourd'hui, de l'intervention d'un peuple plus puissant qui n'a pas voulu laisser périr la France il y a quelques années alors qu'elle était incapable de résister à l'Allemagne étonnée de la voir se relever et décidée à la réduire à la dernière impuissance.

Ce peuple a conservé pour nous de grandes sympathies dont nous saurons nous rappeler le jour où ses intérêts nous en feront un devoir.

Rien ne saurait amoindrir son amitié et notre reconnaissance, pas même la diplomatie allemande qui n'a cessé de dénoncer nos institutions politiques comme suspectes et hostiles aux monarchies.

Les peuples sont libres et tous les gouvernements qu'ils préfèrent sont respectables et respectés quand ils en sont dignes.

La France républicaine peut haïr et siffler les rois dont la gloire consiste à s'affubler d'un costume de uhlan pour paraître à nos portes ; mais elle respecte les monarques qui s'intéressent à sa grandeur.

Les alliances durables, sont celles qui naissent de l'amitié des peuples.

A ce point de vue, les Russes sont nos frères, nous le savons plus que tous les diplomates, parce que, peuples, nous pouvons mieux nous comprendre et nous rapprocher ; nous pouvons à notre aise nous réjouir comme le font parfois avec tant d'entrain nos matelots avec les marins russes : cette alliance-là est écrite dans nos cœurs, et ce n'est pas M. de Bismarck qui peut l'annuler.

La France n'est pas l'ennemie des monarques, et j'affirme que si le czar venait visiter la capitale, tout Paris saurait, par une ovation sans pareille, prouver que chez nous on sait, selon leur rang, honorer les amis de la France.

IV

Depuis de longues années, nos ouvriers des villes et des campagnes sont sans travail et, par conséquent, sans pain : il me semble entendre et voir gémir une multitude de femmes et d'enfants accablés par une profonde misère.

Pas de pain !

Pas de logement peut-être!

Jamais de travail!

Que de familles sont privées de tout ce qu'exige l'existence!

Est-ce à dire que la charité manque en France?

Je suis convaincu que les meilleurs riches sont chez nous, qu'ils sont moins égoïstes et moins orgueilleux que partout ailleurs; mais plus ils augmentent leurs bienfaits, plus la crise commerciale s'acharne à augmenter le nombre des malheureux.

Il convient de savoir que cette crise est une des conséquences de la défaite : *c'est le Sedan commercial, plus désastreux pour nous que le Sedan du carnage.*

Les milliards dépensés pour la guerre et ceux versés à l'Allemagne réclament toujours leurs intérêts à l'impôt, et c'est le travail et le commerce seuls qui peuvent alimenter l'impôt.

Plus de travail!

Plus de commerce!

Les bras et les produits allemands sont partout, et partout, jusqu'à ce jour, ils ont été protégés et souvent préférés.

Notre commerce a pour ennemi M. de Bismarck, qui ne cesse de le combattre au centre même de Paris, envahi par les Allemands.

Le canon seul peut protéger et développer notre commerce et notre industrie; le canon seul, entendez-vous?

En attendant qu'il tonne, je supplie nos industriels de commencer dès maintenant la revanche :

Le patriotisme vous impose, ô Français, un devoir sacré : celui de ne plus prendre à votre service les ennemis de la Patrie!

Haut les cœurs!

Il s'agit du bonheur et de l'honneur de la France!

L'ouvrier français mérite la préférence pour avoir souffert pendant des années sans se plaindre et sans se soulever; jamais il n'a été plus malheureux ni plus résigné!

Formez donc dans toute la France, comme naguère les industriels et les commerçants espagnols, une ligue nationale pour refuser aux ennemis de la patrie, aux Allemands, et leurs bras et leurs produits.

Notre relèvement rapide et prodigieux étonne et inquiète nos ennemis.

Sachant ce que nous avons fait en quelques années, malgré nos dissensions intérieures, M. de Bismarck se rend compte de ce que nous sommes capables de faire avec le concours de tous les partis sans exception quand les intérêts de la France sont en jeu.

M. de Bismarck, malgré toutes ses assurances pacifiques, saura nous provoquer brutalement le jour où nous nous laisserons trop aveugler par le calme et l'indifférence qui révèlent la force et la sagesse, il est vrai, mais qui cessent d'être des qualités quand on les possède à l'excès : Dans ce cas, on en arrive à ne plus croire au danger.

La première action aura sur nos troupes une influence considérable : avis à ceux qui doivent le savoir mieux que moi et qui sont chargés d'organiser et de diriger nos forces.

Ne l'oublions pas, le jour où M. de Bismarck sera prêt, nous serons étonnés de la rapidité de mobilisation dans l'armée allemande : sachons donc, sans hésiter, prendre toutes nos dispositions pour arriver les premiers *en grand nombre* aux frontières quand elles seront menacées.

Maintenant, Monsieur de Bismarck, quand vous voudrez !

Vive la France !

C.-H. B.

PARIS. — E. DE SOYE ET FILS, IMPRIMEURS, 18, RUE DES FOSSÉS-SAINT-JACQUES.

9 782014 059441